AF438818

INTRODUCTION

A

L'ÉTUDE DE L'HOMOGRAPHIE

TOULOUSE — IMPRIMERIE ÉDOUARD PRIVAT, RUE TRIPIÈRE, 9

INTRODUCTION

A L'ÉTUDE

DE L'HOMOGRAPHIE

DIVISIONS ET FAISCEAUX HOMOGRAPHIQUES

DIVISIONS ET FAISCEAUX EN INVOLUTION

PAR

J.-B.-V. REYNAUD

PROFESSEUR AGRÉGÉ DE MATHÉMATIQUES PURES ET APPLIQUÉES AU LYCÉE
DE TOULOUSE

PARIS
C. DELAGRAVE, LIBRAIRE
Rue des Écoles, 58

TOULOUSE
ÉD. PRIVAT, LIB.-ÉDITEUR
Rue des Tourneurs, 45

1875

Les principes de la *Géométrie moderne* n'ont pas encore, dans les classes de mathématiques élémentaires et de mathématiques spéciales, une place proportionnée à leur importance. Nous croyons que cette regrettable lacune tient à ce que ces principes ne sont pas exposés d'une manière suffisamment élémentaire dans les ouvrages qui sont entre les mains des élèves. Notre but, dans ce modeste travail, est de rendre les questions relatives aux *divisions homographiques* ou *en involution,* accessibles aux élèves qui possèdent les premiers éléments de la géométrie et de l'algèbre élémentaires.

Nous serions heureux si cette étude de l'un des chapitres les plus importants des nouvelles théories, contribuait à inspirer aux jeunes géomètres le désir de connaître les travaux de l'illustre auteur de la *Géométrie supérieure,* et ceux des savants qui, depuis le commencement de ce siècle, ont transformé et complété la géométrie des anciens de manière à en faire, en quelque sorte, une science nouvelle.

INTRODUCTION

DE L'HOMOGRAPHIE

1. On rencontre, dans un grand nombre de questions de géométrie, des couples de points situés sur une même droite ou sur deux droites différentes, dont les positions variables sont assujetties à la condition que le produit de leurs distances à un même point fixe ou à deux points fixes est constant : ces deux séries de points forment ce qu'on appelle *deux divisions homographiques*. En voici des exemples.

2. *Étant donnés deux points fixes p, p' sur une circonférence (fig. 1), et une droite indéfinie xx' qui traverse le cercle, on joint les points p, p' à un même point quelconque M de la circonférence ; les droites pM, p'M rencontrent xx' en des points m, m', dont les positions varient avec celle du point M : lorsque m' est à l'infini, m est en i, et quand m est à l'infini, m' est en i'. Cela posé, démontrer que le produit im.i'm' est constant.*

Cela résulte de la similitude des triangles ipm, $i'p'm'$. Ces triangles sont équiangles : les angles en i et en i' ont des mesures égales, et il en est de même des angles ipm, $p'm'i'$; on a donc $\dfrac{im}{i'p'} = \dfrac{ip}{i'm'}$,

et, par suite, $im.i'm' = ip.i'p'$. C. Q. F. D.

REMARQUE 1. Quand le point M est en h ou en k, les points m et m' se confondent : pour cette raison, les points h et k sont appelés des *points doubles*. Les points i et i', dont les correspondants sont à l'infini, sont à la même distance des points doubles, de telle sorte que le milieu o de hk est aussi le milieu de ii'.

3. Le théorème subsiste si la droite xx' est tangente au cercle ; il n'y a alors qu'un seul point double. Il en est de même si la droite est extérieure au cercle ; mais alors il n'y a pas de points doubles.

4. Si la droite pp' est parallèle à xx', les points i et i' sont les points où les tangentes en p et p' à la circonfé-rence rencontrent xx'.

5. Étant donnés les points i et i', ainsi que les points doubles h et k, si après avoir fait passer un cercle quel-conque par les points h et k, on joint i et i' aux extré-mités d'une corde quelconque $p\mathrm{I}$ parallèle à hk, on déter-mine une autre corde $p'\mathrm{I}'$ parallèle à $p\mathrm{I}$ et si l'on joint les points p et p' aux différents points de la circonférence, on trouve toujours les mêmes divisions homographiques. En effet, à un point m correspond toujours le même point m',

car, quel que soit le cercle, on a $im \cdot i'm' = ih \cdot i'h$, égalité qui détermine $i'm'$ et, par suite, le point m'.

6. Etant donnés les points doubles h et k et deux points correspondants m, m', les points i et i' sont déterminés. En effet, on a
$$ih \cdot i'h = im \cdot i'm', \text{ ou } ih \, (ih + hk) = (ih + hm) \, (ih + km');$$
d'où $ih = \dfrac{hm \cdot km'}{mm'}$. Les points i et i' étant déterminés et indépendants du rayon du cercle, on les trouvera graphiquement en décrivant une circonférence par les points h et k, joignant m et m' à un point quelconque M de la circonférence, ce qui donnera les points p et p' et, par suite, les points i et i'.

7. Il résulte de la continuité des points de chaque division que les points correspondants successifs occupent des positions relatives diverses, suivant que les divisions ont deux points doubles, un seul ou aucun. Pour caractériser ces positions relatives, nous conviendrons de considérer une droite comme une ligne continue, que l'on pourra parcourir en entier en partant d'un point quelconque, avançant dans un sens déterminé jusqu'à l'infini, et puis continuant à partir de l'autre point, situé aussi à l'infini, comme s'il n'y avait pas discontinuité, et marchant dans le même sens jusqu'au point de départ. Cette convention est d'autant plus naturelle que ces deux points, situés à l'infini, n'ont qu'un seul point correspondant quand on les considère comme appartenant à la même division. Cela posé, les trois cas que présente la question précédente montrent que si deux mobiles parcourent simultanément les deux divisions à partir de deux points correspondants quelconques, de telle sorte qu'ils soient constamment sur deux points correspondants :

1° Quand il n'y a pas de points doubles, le mobile qui est en avant en partant est toujours en avant;

2° Il en est de même quand il n'y a qu'un point double; la seule différence, c'est que les deux mobiles se rencontrent en ce point;

3° S'il y a deux points doubles, le mobile qui est en avant, en dehors de ces points, est en arrière de l'un à l'autre, dans l'intervalle qui les sépare.

8. *Deux droites tournent en sens contraire autour d'un même point s (fig. 2), de manière à faire constamment des angles égaux avec une droite fixe sb, avec laquelle elles sont d'abord en coïncidence. Ces droites mobiles rencontrent une droite fixe en des points correspondants m, m', dont les distances à un point fixe de la même droite ont un produit constant.*

En effet, la droite sb étant bissectrice de l'angle msm', la perpendiculaire sa à sb est bissectrice de l'angle adjacent supplémentaire, et, par suite, les points m, m' partagent harmoniquement le segment ab. Le point i étant le milieu de ab, on a donc $im \cdot im' = ia^2$. C. Q. F. D.

Démonstration directe. — Soit si, la position que prend sm lorsque sm' est parallèle à ab. Les deux triangles sim, sim', sont semblables : ils ont un angle commun en i, et les angles $im's$, ism, égaux; car on a

$$im's = m'sI = bsi - bsm' = bsi - bsm = ism.$$

On a donc $\dfrac{im}{is} = \dfrac{is}{im'}$, ou $im.im' = is^2$. C. Q. F. D.

REMARQUE I. $is = ib$, car les angles en b et en s du triangle isb sont égaux, comme étant égaux chacun à bsI.

II. Quand le point m est en b, le point m' y est aussi; ce point b est un point double, et il en est de même du point a.

III. Le point m de la première division approchant indéfiniment du point i, le point correspondant m' s'en éloigne indéfiniment à droite ou à gauche du point i : les deux points situés à l'infini dans les deux divisions ont le même correspondant i. Ce point i est également distant des deux points doubles.

IV. Soient m et m' deux points correspondants. En continuant la rotation de sm, le point m arrivera en m', et le point m' sera alors en m; les deux points auront ainsi changé de place, de telle sorte que si l'on considère un même point comme appartenant successivement aux deux divisions, on lui trouve toujours le même point correspondant. Toutes les fois que cette circonstance se présente, on dit que les deux divisions homographiques sont *en involution*. Cette circonstance générale entraîne toujours celle-ci, qui distingue nettement l'involution de deux divisions simplement homographiques, que les deux points situés à l'infini, dans les deux divisions, ont le même point correspondant. Ce point est appelé le *point central* de l'involution.

9. *On fait tourner un angle droit s* (fig. 3), *autour de son sommet, et l'on coupe les côtés de cet angle par une droite fixe; on détermine ainsi, dans chaque position de l'angle, deux points correspondants m, m', dont les distances, au*

pied i de la perpendiculaire abaissée du sommet s sur la
sécante, ont un produit constant.

Le triangle rectangle *smm'* donne en effet :

$$im \cdot im' = si^2. \quad \text{C. Q. F. D.}$$

Remarque I. Il n'y a pas ici de points doubles ; mais
le point *i* correspond encore aux deux points des deux
divisions situés à l'infini et il y a involution.

II. Les deux exemples d'involution (§ 8 et § 9) que nous
venons d'étudier ont un caractère distinctif que nous de-
vons remarquer : dans le dernier, le point central est
situé entre deux points correspondants quelconques, et
les segments *mm' nn'*, formés par deux couples quelconques, empiètent l'un sur l'autre ; dans le premier exemple,
au contraire, le point central est en dehors du segment
déterminé par deux points correspondants, et deux segments quelconques sont compris l'un dans l'autre.

10. *On fait tourner un angle quelconque msm' autour de*
son sommet s (fig. 4), et l'on coupe les côtés de cet angle par
une droite fixe : m et m' étant deux points correspondants,
et i et i' les positions de m et de m' quand m' et m sont suc-
cessivement à l'infini, démontrer que le produit im.i'm' est
constant.

Cela résulte de la similitude des triangles *ism*, *i'sm'*,
semblables comme équiangles : les angles en *i* et en *i'*,
dans ces triangles, sont égaux, parce qu'ils sont respectivement égaux à *isI'* et à *i'sI*, et que ceux-ci sont égaux
comme représentant l'angle mobile dans deux de ses positions ; les angles *sm'i'*, *msi* sont aussi égaux, car on a
successivement :

$$sm'i' = m'sI' = m'si + isI' = m'si + m'sm = msi.$$

On a donc $\dfrac{imi}{i's} = \dfrac{is}{i'm'}$; d'où $im.i'm' = is.i's = is^2$. C. Q. F. D.

REMARQUE. Les points m, m' sont toujours distincts, et le point m' est toujours en avant du point m dans le sens $i'i$ (§ 7); il n'y a pas de points doubles dans ces deux divisions homographiques. Les points correspondants m, m', ne remplissent pas la condition de l'involution, car aux deux points situés à l'infini, correspondent deux points distincts i et i'. Les deux divisions sont simplement homographiques. Mais si l'on remarque qu'à un couple (m, m') en correspond un autre (n, n'), tel que $in = i'm'$ et que $i'n' = im$ (conséquence de l'égalité $im \times i'm' = in \times i'n'$), on voit qu'en dédoublant par la pensée la droite divisée, si l'on fait glisser la base de la deuxième division sur celle de la première jusqu'à ce que le point i' coïncide avec i, le point m' viendra sur n et n' sur m. Il y aura alors involution. Telle est la différence qui existe entre les divisions simplement homographiques et les divisions homographiques en involution.

11. THÉORÈME. *Etant données deux divisions homographiques de même base, n'ayant pas de points doubles, il existe, de chaque côté de la base, un point d'où l'on voit la distance de deux points homologues sous un angle déterminé, qui est le même pour tous les couples de points homologues, de telle sorte que l'on peut reconstruire les deux divisions en faisant tourner cet angle autour de son sommet.*

Soient i et i' les points dont les correspondants sont à l'infini, et m, m' deux points homologues quelconques des deux divisions (fig. 4). Je construis la moyenne proportionnelle des distances im, $i'm'$, et des points i et i' comme centres, avec cette moyenne proportionnelle pour rayon, je décris deux circonférences. Soit s un point de rencontre de ces circonférences : je dis qu'en faisant tourner l'angle msm' on retrouvera successivement tous les autres couples de points homologues. Soient, en effet, n, n' deux autres points correspondants : je fais tourner l'angle msm', de manière à amener le côté sm' sur sn'; le côté sm sera alors sur sn. On a, par hypothèse,

$$i'n' \cdot in = i'm' \cdot im = si^2;$$

or, si le côté sm coupe maintenant la base au point n_1, on a aussi, d'après le théorème précédent,

$$i'n' \cdot in_1 = si^2; \text{ donc } in_1 = in. \quad \text{C. Q. F. D.}$$

Remarque. Les deux circonférences qui déterminent le point s se rencontrent, car la moyenne proportionnelle entre im et $i'm'$ est $> \dfrac{ii'}{2}$. En effet, le point m' doit, par hypothèse, se trouver toujours à la droite du point m. Si l'on met le point m au milieu de la distance ii', c'est-à-dire si l'on fait $im = \dfrac{ii'}{2}$, le point m' sera à la droite de ce point et, par suite, im' sera $> \dfrac{ii'}{2}$. Les deux points cherchés s et s' sont les points de rencontre de deux circonférences ayant pour centres les points i et i', et sont, par suite, placés symétriquement par rapport à la base.

12. *Étant données deux droites fixes indéfinies et un point fixe s* (fig. 5), *on mène par ce point une droite smm', que l'on fait tourner autour du point s ; on détermine ainsi sur les droites fixes deux points m, m', dont les distances à deux points fixes i et i' correspondant respectivement aux positions à l'infini de m' et de m, ont un produit constant.*

Cela résulte de la similitude des triangles *sim*, *si'm'*, qui donne : $\dfrac{im}{i's} = \dfrac{is}{i'm'}$ et, par suite, $im \cdot i'm' = is \cdot i's'$. C. Q. F. D.

REMARQUE I. Le point r est un point double, et si l'on faisait coïncider les deux bases en faisant tourner l'une d'elles autour du point commun r, deux autres points correspondants, obtenus en donnant à la transversale une position également inclinée sur les droites fixes, coïncideraient aussi. Les autres points correspondants seraient tous distincts.

II. Si le point s était situé sur la bissectrice de l'angle r, les points m, m' seraient placés de telle sorte qu'à deux points m, m' des deux divisions correspondraient deux autres points n, n', tels que $rm = rn'$; alors $rn = rm'$, et si l'on faisait coïncider les deux bases, le point r restant commun, n coïnciderait avec m' et m, avec n'; les deux divisions seraient alors en involution sur la même base. Nous dirons que dans la figure primitive il y a involution avec un seul point double sur deux bases différentes.

III. Le point m est la perspective du point m'; le point s est le point de vue.

IV. Si l'on suppose que le point s se transporte à l'infini sur une droite quelconque rz, la transversale sera toujours parallèle à *rz* et déterminera, sur les bases des deux divisions, des segments proportionnels ; on dit alors que les deux divisions homographiques sont proportionnelles.

13. *Réciproquement, les droites qui joignent les points correspondants de deux divisions homographiques, sur deux bases concourantes, passent par un même point, lorsque le point de concours des bases est un point double des deux divisions.*

Soient m, m' deux points correspondants quelconques (fig. 5), et i, i' les points fixes, tels que le produit $im . i'm'$ soit constant. Par i je mène une parallèle à ri', et par i' une parallèle à ri ; ces parallèles se rencontrent en un point s ; je dis que la droite mm' passe par ce point. On a, par hypothèse,

$$im . i'm' = ir . i'r \text{ et, par suite, } im . i'm' = si' . si, \text{ ou } \frac{im}{si'} = \frac{si}{i'm'}.$$

Les deux triangles sim, $si'm'$, obtenus en joignant séparément sm et sm', sont donc semblables, et l'angle $sm'i'$ est égal à l'angle ism : or, $sm'i'$ est aussi égal à ism ; donc $ism = ism'$ et, par suite, les deux droites sm, sm' ont la même direction. Les droites qui joignent les points correspondants passent donc toutes par un même point.

Corollaire. Trois points m, m' et s sont en ligne droite lorsque deux de ces points m et m' sont deux points correspondants de deux divisions homographiques sur deux bases différentes, dont le point commun est un point double des deux divisions, et que le point s est le point de concours de deux droites joignant chacune deux points correspondants des mêmes divisions. Ces propositions donnent un moyen très-souvent applicable pour reconnaître que trois points sont en ligne droite ou que plusieurs droites passent par un même point.

14. *Étant donné un triangle équilatéral aii' (fig. 6) inscrit à un cercle, on joint les sommets i, i' à un point quelconque p de la circonférence, et l'on détermine ainsi sur les côtés indéfinis de l'angle a des points m, m', tels que $im \cdot i'm' = ii'^2$.*

En effet, les triangles $ii'm$, $i'i'm$ sont semblables : les angles $i'im$, $ii'm'$ sont égaux comme suppléments d'angles égaux, et les angles $i'im'$ et m ont des mesures égales, car $ai' - ip = ii' - ip = i'p$. On a donc :

$$\frac{im}{ii'} = \frac{ii'}{i'm'} \text{ ou } im \cdot i'm' = ii'^2. \text{ C. Q. F. D.}$$

Remarque. Comme dans la question précédente, on aurait ici deux points doubles si l'on faisait coïncider les deux côtés de l'angle a par une rotation autour du point a. On aurait ainsi deux divisions en involution sur la même base; pour cette raison, nous dirons que cette construction donne deux divisions en involution sur deux bases différentes, avec deux points doubles, après rotation.

15. *Réciproquement, étant données deux divisions en involution sur deux côtés d'un triangle équilatéral dont le sommet, commun à ces deux côtés, est un point double, et dont les deux autres sont les points fixes à partir desquels se comptent les distances dont le produit est constant, si l'on joint ces derniers points à deux points correspondants des deux divisions, les droites ainsi tracées se coupent en un* *point dont le lien est la circonférence du cercle circonscrit au triangle.*

On a, par hypothèse, $im \cdot i'm' = ia \cdot i'a = ii'^2$ ou $\dfrac{im}{ii'} = \dfrac{ii'}{i'm'}$.

Les deux triangles $ii'm$, $ii'm'$ ont donc un angle égal compris entre côtés proportionnels, et sont semblables. Par suite, l'angle en m est égal à l'angle $i'im'$; l'angle $i'pi$, extérieur au triangle pim, est égal à $m + pim = i'im$; il est donc le supplément de l'angle a. C. Q. F. D.

16. *Étant donné un triangle quelconque abc (fig. 7) et le cercle circonscrit, on joint les sommets b et c à un même point p de la circonférence, et l'on détermine ainsi deux points m et m' tels que le produit de leurs distances respectives aux points i et i' dont les correspondants sont à l'infini, est constant et égal à bi . ci'.*

En effet, les triangles ibm, $i'cm'$ sont équiangles :

1° Les angles bim, $ci'm'$ sont les suppléments de deux angles égaux bia, $ci'a$; et ceux-ci sont égaux comme ayant des mesures égales, car

$$\text{arc } ab - \text{arc } cI' = cI - cI' = II' = bI' - bI = ac - bI;$$

2° Les angles bmi, $m'ci'$ sont aussi égaux, car

$$\text{arc } ab - \text{arc } cp = cI - cp \, Ip.$$

Les triangles ibm, $i'cm'$ étant semblables, on a :

$$\frac{im}{ci'} = \frac{bi}{i'm'} \text{ ou } im \cdot i'm' = bi \cdot ci'. \quad \text{C. Q. F. D.}$$

17. *Étant donnés deux angles r et s (fig. 8), dont les côtés* *se rencontrent respectivement en m et m', si, l'angle r étant fixe, on fait tourner l'autre autour de son sommet, les points m, m' se déplacent et déterminent deux divisions homographiques sur les côtés du premier.*

Soient i et i' les points des deux divisions dont les correspondants sont à l'infini. Les deux triangles sim, $si'm'$ sont semblables. En effet, les angles en i et i' sont égaux, car les deux triangles sai, sbi', obtenus en menant sa et sb parallèles aux côtés de l'angle r, ont deux angles égaux, savoir : les angles en s, par construction (ce sont deux positions de l'angle tournant), et les angles en a et b comme égaux à l'angle r ; les troisièmes angles en i et i' sont donc égaux. Les angles msi, $sm'i'$ sont égaux parce qu'ils sont égaux chacun à l'angle asm'. En effet,

$$msi = asi - asm = msm' - asm = asm' = sm'i'.$$

Ces triangles étant semblables, on a :

$$\frac{im}{si'} = \frac{si}{i'm'}, \text{ ou } im \cdot i'm' = si \cdot si'. \quad \text{C. Q. F. D.}$$

Remarque I. Si le point s est sur la bissectrice de r, $si = si'$, et le produit constant est égal à si^2.

II. Si l'angle s est égal au complément de la moitié de r, les points i et i' sont les extrémités de la base d'un triangle isocèle rii' dont la base passe par le point s.

III. Si l'angle s est égal à deux droits, on a le cas particulier du § 12.

18. *Étant données deux tangentes fixes ir, $i'r$ à un cercle o (fig. 9), et une tangente mobile mpm', on mène le dia-*

mètre ioi' également incliné sur les tangentes fixes, et l'on demande de démontrer que le produit im . i'm' est constant.

En appelant i, $2m$, $2m'$ et i' les angles du quadrilatère $imm'i'$, on a :

$$i + 2m + 2m' + i' = 4 \text{ droits},$$

et comme $i = i'$, il en résulte

$$i + m + m' = 2 \text{ droits} = m + m' + mom';$$

donc, $mom' = i$.

Les deux triangles iom, mom' ont donc deux angles égaux et les troisièmes iom, $mm'o$ ou $om'i'$ sont aussi égaux. Les deux triangles iom, $i'om'$ sont donc équiangles et semblables et l'on a :

$$\frac{im}{i'o} = \frac{io}{i'm'} \; ; \text{ d'où } im . i'm' = io . i'o = io^2. \quad \text{C. Q. F. D.}$$

Remarque. Les points i et i' ont leurs correspondants à l'infini. Ces points coïncideraient si l'on rabattait ri' sur ri autour du point r : les deux divisions sont donc en involution.

19. *Réciproquement, les droites qui joignent les points correspondants de deux divisions homographiques sur deux bases différentes, enveloppent un cercle tangent à ces bases, lorsque le point de concours des bases n'est pas un point double des deux divisions et que le produit constant des distances de deux points correspondants aux points des deux divisions, dont les correspondants sont à l'infini, est égal au carré de la demi-distance de ces points, en supposant de plus, que ces points soient à égale distance du point de concours des bases.*

Pour le démontrer, je trace une circonférence ayant son centre en o milieu de ii' et tangente aux côtés de l'angle r ; puis, par un point m pris sur ri, je mène une tangente : elle passera par le point correspondant m'. Car si l'on nomme m'' le point où elle rencontre ri', on a :

$$ im \cdot i'm'' = io^2 ; $$

or, par hypothèse, $im \cdot i'm' = io^2$;
donc, m'' coïncide avec m'. C. Q F. D.

20. Théorème. *Les droites qui joignent un point fixe* P *situé sur une circonférence, aux points* A *et* A' *où une sécante issue d'un point fixe* S, *coupe cette circonférence, déterminent deux divisions en involution sur une droite fixe quelconque, quand la sécante tourne autour du point* S (fig. 10).

Soit Sx la base de la division. Je mène PI' parallèle à Sx ; SI'I et PI déterminent le point i, dont le correspondant est à l'infini ; SA'A, PA et PA' donnent deux points correspondants quelconques a et a', et il s'agit de prouver que le produit $ia \cdot ia'$ est constant. Les points B et B' étant deux points correspondants, le produit $ia \cdot ia'$ devra être égal à $iB \cdot iB'$, et par suite à $iP \cdot iI$. Cette égalité ou la suivante : $\dfrac{ia}{iP} = \dfrac{iI}{ia'}$, dépend de la similitude des triangles iPa, ia'I. Ces triangles ont un angle commun en i ; l'angle en P du premier a pour mesure la moitié de l'arc API ; l'angle en a' du second a pour mesure la moitié de BPI — B'K, ou la moitié de BP + PI — B'I' + I'K, ou la moitié de PI + I'K ; pour que ces angles soient égaux, il suffit donc que AP = I'K, ou que les angles

AA′P, KII′ soient égaux, et par suite (à cause des triangles A′a′D, IDS qui ont un angle égal en D) que les angles Ia′A′, ISA′ soient égaux. Or, pour prouver que la corde IA′ est vue sous le même angle des points a' et S, il suffit de démontrer que les points I, A′, a', S sont sur une même circonférence, c'est-à-dire que l'on a :

$$HA'.HI = Ha'.HS, \text{ ou } \frac{HA'}{Ha'} = \frac{HS}{HI}.$$

Cela résulte de la similitude des triangles HA′a', HIS qui ont un angle commun en H, et les angles en a' et I égaux comme ayant même mesure

$$PB - A'B' = I'B' - A'B' = A'I'.$$

Donc les deux premiers triangles IPa, ia'I sont semblables et l'on a :

$$\frac{ia}{iP} = \frac{Ii}{ia'} \text{ ou } ia.ia' = iP.iI = \text{constante.} \quad \text{C. Q. F. D.}$$

Remarque. On verra plus loin (§ 43) qu'il n'est pas nécessaire que la base passe par le point fixe S.

21. Les exemples qui précèdent montrent suffisamment comment des constructions très-diverses peuvent déterminer deux suites indéfinies de points se correspondant deux à deux et situés de telle sorte que le produit des distances des points d'un même couple à un point fixe ou à deux points fixes, soit le même pour tous les couples. Quelle que soit la construction primitive qui a donné deux divisions homographiques, on peut retrouver les mêmes divisions par diverses constructions simples.

Supposons d'abord que les divisions soient en involution et que, par conséquent, les deux points i et i' coïncident. Deux cas peuvent alors se présenter :

1° Deux points correspondants m, m' sont d'un même
côté du point i. Je construis la moyenne proportionnelle ip
des distances im, im' (fig. 11) et du point i comme centre,
avec ip pour rayon je décris la demi-circonférence ab.
Cela fait, je joins un point quelconque s de cette circonférence à l'une des extrémités b du diamètre ab, et je fais
tourner sb de part et d'autre d'un même angle jusqu'à
ce que l'une des deux droites mobiles passe par le point m ;
l'autre passera alors par m'. En effet la relation

$$im \cdot im' = ib \cdot ia \text{ donne celle-ci } (\textit{Div. harm.}) : \frac{bm'}{bm} = \frac{am'}{am} ;$$

or, la circonférence décrite sur ab comme diamètre est le
lieu des points dont les distances aux points m', m sont

dans le rapport constant $\dfrac{bm'}{bm}$; on a donc $\dfrac{sm'}{sm} = \dfrac{bm'}{bm}$, et de

là il résulte que sb est bien la bissectrice de l'angle msm'.
Les points a et b sont les points doubles de l'involution.

REMARQUE. En général la construction qui donne deux
points correspondants m, m', permet de trouver aussi le
point i dont le correspondant est à l'infini. On va voir
d'ailleurs comment on peut déterminer ce point quand on
connaît deux couples de points correspondants des deux
divisions.

2° Deux points correspondants m, m' sont de part et
d'autre du point i. — Sur mm', comme diamètre (fig. 12),

je décris une demi-circonférence, et j'élève *is* perpendiculaire à *mm'*. En faisant tourner l'angle droit *msm'* autour du point *s*, on retrouvera les deux divisions. En effet, *n* et *n'* étant deux points correspondants quelconques, on a :

$$in . in' = im . im'.$$

Si l'on amène le côté *sm'* sur *sn'*, l'autre côté rencontrera la base en un point n_1, tel que

$$in_1 . in' = im . im',$$

et il résulte de ces deux égalités que le point n_1 coïncide avec *n*.   C. Q. F. D.

Remarque. Dans les deux cas qui précèdent, c'est-à-dire dans toute involution sur une même base, le point *i*, appelé *point central*, est un point d'égale puissance par rapport à tous les couples de points correspondants. Ce point est donc situé sur l'axe radical de deux cercles quelconques dont les circonférences passent respectivement par deux points correspondants. Il suffit donc de connaître deux couples de points correspondants pour pouvoir déterminer le point central et, par suite, autant de couples de points que l'on voudra.

22. Les deux cas analogues qui se présentent, lorsque les points *i* et *i'* sont distincts, peuvent se ramener aux deux cas précédents. Il suffit, en effet, pour trouver le point *n'* de la deuxième division qui correspond à un point *n* de la première, de déterminer le point *n'* comme si le point *i'* coïncidait avec *i* et de le faire glisser ensuite dans le sens *ii'* d'une distance égale à *ii'* (§ 10, *Remarque*).

Voici une construction plus directe. Soient *a* et *a'*, *b* et *b'*,

c et c' (fig. 13), trois couples de points correspondants donnés. Je mène par le point a' une droite quelconque $a'y$ sur laquelle je prends, à partir du point a', les distances $a'b_1 = ab$, $a'c_1 = ac$ du même côté de a' si b et c sont d'un même côté de a, et de part et d'autre dans le cas contraire. Les droites $b'b_1$ et $c'c_1$ déterminent un point s. Cela fait, soit d' un point quelconque de la division $a'b'c'\ldots$, je joins sd' et je trouve sur $a'y$ le point d_1 ; je prends, dans le sens déterminé par la convention précédente, $ad = a'd_1$ et le point d est le correspondant de d' sur ax. Pour le démontrer, soit si' parallèle à $a'y$ et si_1 parallèle à $a'x$: d'après le § 12, on a :

$$i_1 a' \cdot i'a' = i_1 b_1 \cdot i'b' = i_1 c_1 \cdot i'c' = id_1 \cdot i'd'$$

or, si l'on prend sur $a'x$ un point i tel que $ai = a'i_1$, on aura :

$$i_1 b_1 = ib, \quad i_1 c_1 = ic, \quad i_1 d_1 = id,$$

et, par suite,

$$'ia \cdot i'a' = ib \cdot i'b' = ic \cdot i'c' = id \cdot i'd'. \quad \text{C. Q. F. D.}$$

Remarque. La question du § 2 donne une construction très-simple pour le cas particulier où les points donnés sont deux points doubles et un couple distinct. On en verra une application importante au § 60.

23. Le même problème, relatif à deux bases différentes, présente deux cas :

1° Le point de rencontre des deux bases est un point double des deux divisions : les points de division de l'une des bases sont (§ 12) les perspectives sur cette base, des

points correspondants de l'autre division, le point de vue
étant placé à la rencontre des parallèles aux bases menées
par les points i et i', ou, ce qui revient au même, au point
de rencontre des droites qui joignent deux couples de
points correspondants (§ 13).

2° Le point de rencontre des deux bases n'est pas un
point double. On trouvera une solution directe de cette
question au § 40 (*corollaire*) et une application importante
au § 61.

23. Au lieu de déterminer les points de deux divisions
homographiques par leurs distances aux deux points de
ces divisions dont les correspondants sont à l'infini, on
peut les rapporter à deux points fixes quelconques ; la
relation entre les distances relatives à deux points d'un
même couple est alors moins simple. Nous allons l'établir
après avoir rappelé la convention algébrique des signes
et démontré une formule que nous aurons à appliquer.

24. Jusqu'à présent nous n'avons considéré que les valeurs absolues des distances qui séparent certains points.
Ces distances pouvant être comptées dans des sens différents, à partir de certains points fixes, il est nécessaire,
pour rendre les énoncés et les formules applicables à tous
les cas qui peuvent se présenter, d'affecter du signe $+$ les
distances comptées dans un sens, et du signe $-$ les distances comptées en sens contraire. Ainsi, en désignant
par x le nombre algébrique qui détermine le point a ou le
point b (fig. 14), et par oa ou ob la valeur absolue de la
distance du point o au premier point ou au second, on a :

$$x = + oa, \text{ ou } x = - ob,$$

si l'on convient d'affecter du signe $+$ les distances comptées à droite du point o. Le produit constant que l'on
trouve dans toute division homographique est donc tantôt
positif, tantôt négatif.

25. PROBLÈME. *Étant données la distance algébrique x
d'un point o à un point o', et la distance algébrique X du
point o' à un point m situé sur la même droite, calculer la
distance algébrique du point o au point m.*

Deux cas peuvent se présenter (fig. 15) :

1° Le point o' est à droite du point o et l'on a :

$$\alpha = + oo'.$$

Le point m peut occuper trois positions différentes :

I. A droite du point o' :

$$om = oo' + o'm, \text{ ou } x = \alpha + X ;$$

II. Entre o et o' :

$$om = oo' - o'm, \text{ ou } x = \alpha - (-X) = \alpha + X ;$$

III. A gauche du point o :

$$om = o'm - oo' \text{ ou } -x = -X - \alpha, \text{ ou } x = \alpha + X.$$

2° Le point o' est à gauche du point o, et l'on a :

$$\alpha = - oo'.$$

Le point m peut encore occuper trois positions :

I. $om = o'm - oo'$, ou $x = X - (-\alpha) = \alpha + X$;
II. $om = oo' - o'm$, ou $-x = -\alpha - X$, $x = \alpha + X$;
III. $om = oo' + o'm$, ou $-x = -\alpha - X$, $x = \alpha + X$.

On a donc, dans tous les cas, $x = \alpha + X$.

Remarque. On verra au § 30 comment on peut démontrer la généralité d'une telle formule sans examiner successivement tous les cas qui peuvent se présenter.

26. Proposons-nous maintenant de déterminer les points correspondants de deux divisions homographiques par leurs distances à un point quelconque de la base correspondante. Soit o, un point fixe de la première base, et α sa distance algébrique au point i ; en désignant par X la valeur algébrique de la distance im, et par x celle de la distance om, on a :

$$X = \alpha + x ;$$

avec des notations analogues sur la seconde base, le point o' coïncidant ou ne coïncidant pas avec le point o dans le cas d'une seule base, on a aussi :

$$X' = \alpha' + x' ;$$

la relation fondamentale $XX' = K$, dans laquelle K est positif ou négatif, devient :

$$(\alpha + x)(\alpha' + x') = K, \text{ ou } xx' + \alpha'x + \alpha x' + \alpha\alpha' - K = 0.$$

expression de la forme $xx' + ax + bx' + c = 0$.

Il résulte de la forme de cette relation, que deux divisions homographiques sont déterminées quand on connaît trois couples de points correspondants ; il est évident que l'on pourra alors calculer les constantes a, b et c, et, connaissant un point de la première division, c'est-à-dire une valeur de x, on pourra calculer la valeur de x' et déterminer le point correspondant.

Inversement toute relation $xx' + ax + bx' + c = o$ de la même forme, dans laquelle x et x' conservent la signification que nous venons de leur donner, détermine deux divisions homographiques. En effet, si l'on remplace le point o par un point i, dont la distance au point o soit représentée algébriquement par α, on aura, en appelant X à la distance algébrique im :

$$x = \alpha + \mathrm{X};$$

et sur l'autre base on aura de même :

$$x' = \alpha' + \mathrm{X};$$

substituant, on a :

$$(\alpha + \mathrm{X})\,(\alpha' + \mathrm{X}') + a(\alpha + \mathrm{X}) + b(\alpha' + \mathrm{X}') + c = 0,$$

ou $\mathrm{XX}' + (\alpha' + a)\,\mathrm{X} + (\alpha + b)\,\mathrm{X}' + \alpha\alpha' + a\alpha + b\alpha' + c = 0$, et en posant $\alpha' + a = 0$, $\alpha + b = 0$; d'où $\alpha = -b$, et $\alpha' = -a$, la relation est ramenée à la forme

$$\mathrm{XX}' = \mathrm{K}. \quad \text{C. Q. F. D.}$$

Remarque I. Il résulte de cette relation, comme de la précédente, qu'il existe un point de chaque division et un seul dont le correspondant est à l'infini, et que deux divisions homographiques sur une même base peuvent avoir deux points doubles et deux seulement, à moins que les deux divisions ne coïncident, comme cela peut avoir lieu dans le cas que nous allons examiner.

II. La construction du § 12 présente, ainsi que d'autres constructions donnant des divisions homographiques, un cas particulier qui échappe à la relation fondamentale $\mathrm{XX}' = \mathrm{K}$, et à l'équation transformée

$$xx' + ax + bx' + c = 0,$$

à moins que l'on ne suppose que les coefficients a, b, c sont des rapports de certains nombres finis a', b', c' à un nombre ε qui peut prendre toutes les valeurs possibles, et même la valeur zéro. L'équation

$$\varepsilon xx' + a'x + b'x' + c' = o$$

présente alors le cas particulier suivant :

$$a'x + b'x' + c' = o,$$

qui, par un changement convenable d'origine, devient :

$$AX + BX' = o, \text{ ou } \frac{X}{X'} = K.$$ C'est l'expresssion la plus simple de la relation qui détermine deux divisions homographiques dans le cas où les distances qui séparent les points correspondants des deux divisions sont proportionnelles. Si $K = 1$, les deux divisions coïncident et un point quelconque de la base est un point double.

III. En résumé, deux séries de points sur une même droite, ou sur deux droites distinctes, constituent deux divisions homographiques, lorsque ces points se correspondent deux à deux, de telle sorte que les distances algébriques x, x' qui séparent deux points correspondants d'un même point fixe ou de deux points fixes différents, satisfont à une équation de la forme :

$$axx' + bx + cx' + d = o,$$

ou à l'un des cas particuliers de cette équation. Cette relation doit être algébrique et du premier degré par rapport à chaque distance x ou x'. Ainsi des points correspondants deux à deux, qui seraient déterminés par la relation $x = a^{x'}$, ne constitueraient pas deux divisions homographiques.

27. Que devient l'équation générale

$$axx' + bx + cx' + d = o$$

lorsque les points des deux divisions situés à l'infini ont le même correspondant ?

Si $x' = \infty$, on a : $x = -\dfrac{c}{a}$; et si $x = \infty$, $x' = -\dfrac{b}{a}$; or, on peut supposer que les distances x et x' sont comptées à partir de la même origine, car cela ne change pas la forme générale de la relation entre ces deux variables. Pour que ces valeurs de x et de x' soient égales, il faut que $b = c$, et l'équation devient $axx' + b(x+x') + d = o$. On retrouve dans cette équation le caractère primitif des divisions en involution : l'équation n'est pas modifiée si l'on y remplace x par x', et x' par x. L'involution est à points doubles ou sans points doubles suivant que les racines de l'équation $ax^2 + 2bx + d = o$ sont réelles ou imaginaires ; et dans le cas où l'équation est sous la forme primitive $XX' = K$, suivant que K est positif ou négatif. Lorsque K est négatif on dit indifféremment que l'involution n'a pas de points doubles ou que les deux points doubles sont *imaginaires*. Il en est de même de deux divisions simplement homographiques déterminées par l'équation $xx' + ax + bx' + c = o$, lorsque les racines de l'équation $x^2 + (a+b)x + c = o$ sont imaginaires.

REMARQUE I. Lorsque les distances x et x' sont comptées à partir de la même origine, on ne peut pas permuter ces lettres dans l'équation $axx' + bx + cx' + d = o$, comme on peut le faire dans celle-ci $axx' + b(x + x') + d = o$. Il résulte de là, que quand on sait que deux divisions sont homographiques, pour constater qu'elles sont en involution, il suffit de trouver deux points correspondants dis-tincts que l'on puisse permuter.

II. Il résulte de la forme de l'équation $axx' + b(x+x') + d = o$, ou plus simplement de celle-ci : $xx' + \beta(x+x') + \delta = o$, que deux couples de points correspondants déterminent une involution. Cela résulte aussi du § 21.

28. Voici un exemple remarquable de deux divisions en involution.

Les points déterminés en portant sur une même droite à partir d'un point fixe, les couples de valeurs de x qui correspondent à une même valeur de y dans l'équation

$$y = \frac{ax^2 + bx + c}{a'x^2 + b'x + c'},\ \textit{sont en involution.}$$

Soit d'abord un exemple particulier, $y = \dfrac{x^2 - x + 1}{x^2 + 1}$.

Les valeurs de x qui correspondent à une même valeur de y sont les racines de l'équation

$$(y-1)x^2 + x + y - 1 = o\,;$$

en appelant X et X′ ces racines on a $XX' = 1$, et, par suite, en appliquant la construction convenue dans l'énoncé général, on aura deux divisions en involution à points doubles. Dans cet exemple, comme dans la cons-truction du § 8, et toutes les divisions analogues, la distance des points doubles est divisée harmoniquement par deux points correspondants quelconques. L'équation $y = \dfrac{x^2 - x + 1}{x^2 + 1}$ est représentée par la courbe (fig. 16).

Les points doubles correspondent au maximum de y en E et au minimum en F. En menant à l'axe Ox une parallèle qui coupe la courbe, on a deux points A, A' auxquels correspondent sur Ox des points conjugués a, a' de l'involution.

Valeurs correspondantes de x et de y : pour $x = o$, $y = 1$; pour $x = \pm \infty$, $y = 1$; si $x = -1$, $y = \dfrac{3}{2}$, maximum; si $x = +1$, $y = \dfrac{1}{2}$, minimum.

Le produit des racines de l'équation

$$(y-1)\,x^2 + x + y - 1 = o$$

étant positif, ces deux racines sont de même signe; si y est < 1, elles sont positives, puisque leur somme $\dfrac{1}{1-y}$ est alors positive; si, au contraire, y est > 1, elles sont négatives. La courbe est donc entièrement au-dessous de la parallèle menée à ox, à une distance égale à $+1$, à droite de oy, et entièrement au-dessus, à gauche de oy.

2me exemple particulier : $y = \dfrac{x^2 - x - 1}{x^2 - 1}$.

Les valeurs de x qui correspondent à une même valeur de y, sont les racines de l'équation

$$(y-1)\,x^2 + x - y + 1 = o.$$

X et X' étant deux racines correspondantes, on a :

$$XX' = -1.$$

On a donc ici une involution sans points doubles. Des

parallèles à l'axe des x coupent la courbe qui représente cette équation (fig. 17) en des points tels que A et A', B et B' auxquels correspondent sur ox des couples de points a et a', b et b' de l'involution.

Voici quelques valeurs correspondantes de x et de y :

$$\text{Pour } x = o, \ y = 1$$
$$\text{Pour } y = o, \ x = \frac{1 \pm \sqrt{5}}{2} \left\{ \begin{array}{l} x' = 1, 6\ldots \\ x'' = -0, 6\ldots \end{array} \right.$$
$$\text{Pour } x = \pm 1, \ y = \pm \infty$$
$$\text{Pour } x = \pm \infty, \ y = +1.$$

Soit maintenant l'équation générale $y = \dfrac{ax^2 + bx + c}{a'x^2 + b'x + c'}$,

ou $(a'y - a)x^2 + (b'y - b)x + c'y - c = o$. Pour que le produit des racines $XX' = \dfrac{c'y - c}{a'y - a}$ soit indépendant de y,

il faut que $\dfrac{c'}{a'} = \dfrac{c}{a}$, ou $ac' - ca' = o$. Quand cette condition est remplie, on a : $XX' = \dfrac{a}{c}$ et il y a involution avec

points doubles ou sans points doubles suivant que c et a sont de même signe ou de signes contraires. Si cette condition n'est pas remplie, je remplace x par $X + \alpha$: cela est permis, car puisque x doit passer par toutes les valeurs possibles, il suffira de faire varier X de la même manière, α ayant une valeur constante. J'ai ainsi :

$$y = \frac{a(X+\alpha)^2 + b(X+\alpha) + c}{a'(X+\alpha)^2 + b'(X+\alpha) + c'} = \frac{aX^2 + (2a\alpha + b)X + a\alpha^2 + b\alpha + c}{a'X^2 + (2a'\alpha + b')X + a'\alpha^2 + b'\alpha + c'}.$$

Pour que le produit XX' des racines ait maintenant une valeur constante, quel que soit y, il faut et il suffit que

$$a(a'\alpha^2 + b'\alpha + c') - a'(ax^2 + bx + c) = o,\ \text{d'où}\ \alpha = \frac{ca' - ac'}{ab' - ba'}.$$

Si cette valeur de α est finie, en portant l'origine des x au point de ox, dont $1'x = \alpha$, on retrouve l'un des deux cas précédents. Si la valeur de α est infinie, c'est-à-dire si $ab' - ba' = o$, le numérateur $ca' - ac'$ n'étant pas nul, comme on l'a supposé précédemment, on peut voir que la somme des racines de l'équation

$$(a'y - a)x^2 + (b'y - b)x + c'y - c = o\ \text{ est constante : en}$$

effet, la valeur de l'expression $\dfrac{-b'y + b}{a'y - a}$ est indépendante

de y et égale à $-\dfrac{b'}{a'}$, puisque $\dfrac{b'}{a'} = \dfrac{b}{a}$. On retrouve

alors le cas particulier des divisions proportionnelles.

29. De la relation $XX' = K$ qui existe entre les distances de certains points fixes aux points correspondants de deux divisions homographiques, il résulte que les distances algébriques qui séparent entre eux les points de l'une des deux divisions sont liées aussi par une relation très simple aux distances correspondantes sur l'autre division. Nous allons établir cette relation, après avoir résolu la question suivante :

30. Etant données les distances algébriques d'un point fixe o d'une droite à deux points quelconques $m,\ m'$ de cette droite, calculer la distance algébrique de ces deux derniers points. On convient d'affecter du signe $+$ les distances comptées dans un sens, et du signe $-$ les discomptées en sens opposé, de telle sorte que les nombres représentés par mm' et par $m'm$ sont égaux et de signe contraire : $mm' = -m'm$.

Je suppose que partant du point o, on aille d'abord au point m, que du point m on aille ensuite au point m', et que de m' on retourne en o; il est évident, quelle que soit la situation relative des points o, m et m', que l'on a parcouru des distances égales dans les deux sens et que la somme algébrique de ces distances est égale à zéro :

$$om + mm' + m'o = 0 ;$$

d'où $mm' = -m'o - om = om' - om$, ou $m'm = om - om'$.

Ainsi la distance algébrique d'un premier point d'une droite à un second point de cette droite, est égale à la distance algébrique d'un point fixe de la même droite au second point, moins la distance algébrique du point fixe au premier point.

31. Définition. Le rapport anharmonique de quatre points a, b, c, d d'une droite, pris dans un ordre déterminé quelconque, est le quotient obtenu en divisant le rapport des distances algébriques du troisième point au premier et au second, par le rapport des distances algébriques du quatrième point au premier et au second. Ainsi le rapport anharmonique des quatre points précédents pris dans l'ordre a, b, c, d est représenté par l'expression

$\dfrac{ca}{cb} : \dfrac{da}{db}$. On le désigne aussi par le symbole $(abcd)$. On a de même $(bcad) = \dfrac{ab}{ac} : \dfrac{db}{dc}$.

32. Théorème. *Lorsque deux droites sont divisées homo-*

graphiquement, le rapport anharmonique de quatre points quelconques de la première est égal au rapport anharmonique des quatre points correspondants de la seconde, soit que ces droites coïncident ou qu'elles soient distinctes.

Soient x, y, z, u, les distances algébriques du point fixe i de la première droite dont le correspondant sur la seconde est à l'infini, aux quatre points a, b, c, d de cette première droite, et x' y' z' u' les distances analogues sur la seconde. On a :

$$(abcd) = \frac{x-z}{y-z} : \frac{x-u}{y-u}, \text{ et } (a'b'c'd') = \frac{x'-z'}{y'-z'} : \frac{x'-u'}{y'-u'}.$$

A cause des relations $xx' = yy' = zz' = uu' = \mathrm{K}$, on a :

$$(a'b'c'd') = \frac{\dfrac{\mathrm{K}}{x} - \dfrac{\mathrm{K}}{z}}{\dfrac{\mathrm{K}}{y} - \dfrac{\mathrm{K}}{z}} : \frac{\dfrac{\mathrm{K}}{x} - \dfrac{\mathrm{K}}{u}}{\dfrac{\mathrm{K}}{y} - \dfrac{\mathrm{K}}{u}} = \frac{(z-x)yz}{(z-y)xz} : \frac{(u-x)uy}{(u-y)ux}$$

$$= \frac{x-z}{y-z} : \frac{x-u}{y-u} = (abcd). \quad \text{C. Q. F. D.}$$

Réciproquement, les divisions des deux droites sont homographiques lorsque le rapport anharmonique de quatre points quelconques de la première est égal au rapport anharmonique des quatre points correspondants de la seconde.

On a, par hypothèse, $(abcd) = (a'b'c'd')$, ou

$$\frac{ca}{cb} : \frac{da}{db} = \frac{c'a'}{c'b'} : \frac{d'a'}{d'b'}.$$

Laissons fixes les trois points a, b, c et leurs correspondants a', b', c', et supposons que le quatrième point d décrive la première droite ; les positions variables des points correspondants d et d' devront toujours satisfaire à l'équation précédente, qui est du premier degré par rapport à da et $d'a'$, après y avoir remplacé db par $da-ba$ et $d'b'$ par $d'a'-b'a'$. Les divisions des deux droites sont donc homographiques ($\S$ 26).

33. Le rapport anharmonique de quatre points n'est pas altéré si l'on permute le premier point avec le second, et le troisième avec le quatrième; il en est de même si l'on permute les deux premiers respectivement avec les deux derniers. Ainsi, l'on a :

$$(abcd) = (badc) = (cdab) = (dcba).$$

On le vérifie en écrivant explicitement ces rapports. On voit ainsi que des vingt-quatre rapports anharmoniques que l'on peut former avec quatre points, en permutant ces points de toutes les manières possibles, six seulement ont des valeurs différentes. Ces six rapports sont d'ailleurs inverses deux à deux ; on obtient l'inverse d'un rapport anharmonique donné en permutant les deux premiers points ; tels sont les rapports $(abcd)$, $(bacd)$, car le premier est égal à $\dfrac{ca}{cb} : \dfrac{da}{db} = \dfrac{ca \cdot db}{cb \cdot da}$ et le second est égal à $\dfrac{cb}{ca} : \dfrac{db}{da} = \dfrac{cb \cdot da}{ca \cdot db}$. La valeur d'un rapport anharmonique est tout à fait altérée si l'on permute les deux derniers points. — Il n'y a donc que trois rapports essentiellement distincts pour quatre points donnés : pour les obtenir, il suffit de conserver le troisième point et de prendre successivement pour quatrième point chacun des trois autres ; tels sont les trois rapports $(abcd)$, $(dbca)$, $(adcb)$.

34. Lorsque deux divisions homographiques sont en involution, le rapport anharmonique de quatre points de la première division est égal à celui des quatre points correspondants, comme dans le cas où les divisions sont simplement homographiques. Mais il y a ceci de particulier que si l'on a seulement trois couples de points correspondants (a, a'), (b, b'), (c, c') on peut prendre pour quatrième couple l'un des trois premiers, en considérant le point qui a été pris d'abord dans la première division comme appartenant à la seconde et inversement; ainsi on aura $(abcd') = (a'b'c'd)$; cette égalité n'existerait pas si les divisions étaient simplement homographiques. Inversement si deux divisions en involution sont déterminées par deux couples de points (a, a'), (c, c'), pour que deux points b et b' soient deux points correspondants, il suffit que l'on ait $(abcb') = (a'b'c'b)$, car il résulte de cette égalité que ces points font partie de deux divisions homographiques (§ 32) et que ces divisions sont en involution, puisqu'un même point b, considéré successivement comme appartenant aux deux divisions, a toujours le même correspondant b' (§ 27, *Rem.* 1). En voici une démonstration directe. On a $\dfrac{ca}{cb} : \dfrac{b'a}{b'b} = \dfrac{c'a'}{c'b'} : \dfrac{ba'}{bb'}$;

ou $\quad ca \cdot c'b' \cdot ba' = -\, c'a' \cdot cb \cdot b'a = a'c' \cdot cb \cdot b'a$;

rapportons les deux points c et c' à un même point a : on a :

$$c'b' + b'a + ac' = o, \text{ d'où } c'b' = ab' - ac';$$
$$a'c' + c'a + aa' = o, \text{ d'où } a'c' = ac' - aa';$$
$$cb + ba + ac = o, \text{ d'où } cb = ab - ac;$$

substituant, effectuant et ordonnant, on a :

$$(ab' - ba')\, ac \, . \, ac' + (ab' \, . \, ba' - aa' \, . \, ab')\, ac - ab \, . \, ab' \, . \, ac'$$
$$+ \, aa' \, . \, ab \, . \, ab' = o$$

or $ab' \, . \, ba' - aa' \, . \, ab' = ab' \,(ba' - aa') = - ab' \, . \, ab$, car
$ba' + a'a + ab = o$, d'où $ba' - aa' = - ab$; les coefficients
de ac et de ac' étant égaux, l'équation qui lie ac et ac'
est de la forme $axx' + b\,(x + x') + c = o$, et par suite les
deux divisions sont bien en involution.

35. *Étant donnés deux points fixes a et b sur une droite,
on détermine sur cette droite deux points variables c et d,
tels que le rapport anharmonique $(abcd)$ ait une valeur
constante λ ; ces points c et d forment deux divisions homographiques avec points doubles a et b, quelle que soit la
valeur de λ ; et si $\lambda = - 1$, ces divisions sont en involution.*

Je représente ab par k, ac par x et ad par x' (fig. 18).

L'égalité $\dfrac{ca}{cb} : \dfrac{da}{db} = \lambda$ devient $\dfrac{-x}{k-x} : \dfrac{-x'}{-x'+k} = \lambda$, ou

$(\lambda - 1)\, xx' + kx - \lambda kx' = o$. Il résulte bien de cette
relation :

1° Que les points c et d forment deux divisions homographiques ;

2° Que les points a et b sont des points doubles : car si
$x = x'$, l'équation devient $(\lambda - 1)\, x^2 + (k - \lambda k)\, x = o$,
et elle est satisfaite par $x = o$ et par $x = k$;

3° Que ces points sont en involution si $k = - \lambda k$, c'est-
à-dire si $\lambda = - 1$.

Remarque. Étant données deux divisions en involution
à points doubles a et b, si l'on prend un point m et son

conjugué m', le rapport anharmonique $(abmm')$ est égal à -1.

Il résulte en effet du § 21 (1°) que les points m et m' divisent le segment ab harmoniquement, et que l'on a :

$$\frac{ma}{mb} = -\frac{m'a}{m'b} \quad \text{ou} \quad \frac{ma}{mb} : \frac{m'a}{m'b} = -1.$$

Démonstration directe. On a $XX' = k^2$, X et X' étant les distances du point i, milieu de ab à deux points conjugués m, m' (fig. 19). $ib = k$ et $ia = -k$. Il s'agit de vérifier que $\dfrac{ma}{mb} : \dfrac{m'a}{m'b} = -1$.

On a : $ma + ai + im = o,\ ma = ia - im = -k - im$;

$\qquad mb + bi + im = o,\ mb = ib - im = k - im$;

$\qquad m'a + ai + im' = o,\ m'a = ia - im' = -k - \dfrac{k^2}{im}$;

$\qquad m'b + bi + im' = o,\ m'b = ib - im' = k - \dfrac{k^2}{im}$;

par suite :

$$\frac{ma}{mb} : \frac{m'a}{m'b} = \frac{-k-im}{k-im} : \frac{-k-\dfrac{k^2}{im}}{k-\dfrac{k^2}{im}} = \frac{-k-im}{k-im} : \frac{-im-k}{im-k} = -1.$$

C. Q. F. D.

36. *Trois points a, b, c, étant donnés sur une droite, déterminer un quatrième point d sur cette droite, de telle sorte que l'un des rapports anharmoniques de ces quatre points ait une valeur donnée k positive ou négative.*

Soit, par exemple, $\dfrac{ca}{cb} : \dfrac{da}{db} = k$. Quelles que soient les positions relatives de ces points, on a : $da + ac + cd = o$, d'où $da = -ac - cd = ca + dc$; de même $db = cb + dc$.

L'équation $\dfrac{ca}{cb} : \dfrac{da}{db} = k$, ou $\dfrac{ca}{cb} : \dfrac{ca + dc}{cb + dc} = k$ détermine

donc la distance algébrique dc, et par suite le point d.

Corollaire. Deux divisions homographiques sont déterminées quand on connaît trois couples de points correspondants : a et a', b et b', c et c'; car à tout nouveau point d de la première division correspond un point d' et un seul tel que $(abcd) = (a'b'c'd')$; $(abcd)$ étant connu, il en est de même de $(a'b'c'd')$ et le point d' est déterminé. — Cette proposition a été déjà établie au § 26.

Remarque. On a $dc = \dfrac{ca \cdot cb \, (1 - k)}{k \cdot cb - ca}$. Soit $k = o$: on a alors $dc = bc$ et le point d coïncide avec b; 2° $k = +1$: on a alors $dc = o$ et le point d coïncide avec c; 3° $k = \infty$: on a alors $dc = ac$ et le point d coïncide avec a. — Les réciproques sont vraies : si l'on veut que le point d soit distinct des trois autres, on ne devra donner à k aucune des valeurs o, $+1$ et ∞. Nous donnerons bientôt diverses constructions géométriques pour déterminer un tel point.

37. Problème. *Étant donnés deux droites concourantes ox, oy* (fig. 20) *et un point a, on mène par ce point une transversale abc..,, et l'on prend sur cette droite un point d, tel que le rapport anharmonique (abcd) ait une valeur déterminée k; quel est le lieu du point d quand on fait tourner la sécante autour du point a?*

On doit avoir : $(abcd) = k$, ou $\dfrac{ca}{cb} : \dfrac{da}{db} = k$, ou $\dfrac{ca}{cb} \times \dfrac{db}{db + ba} = k$, d'où $db = \dfrac{k \cdot cb \cdot ab}{ca - k \cdot cb}$. Le numérateur de cette expression tend vers zéro en même temps que cb; or le dénominateur ne peut pas être nul : en effet, l'égalité $ca - k \cdot cb = o$ donne $k = \dfrac{ca}{cb}$; on aurait alors $\dfrac{ca}{cb} : \dfrac{da}{db} = \dfrac{ca}{cb}$, et par suite $da = db$, ce qui est impossible, si les points donnés sont distincts. Il résulte de là que le point d sera en o quand la sécante mobile passera par ce point o. Soient maintenant deux points quelconques d et d' de ce lieu. On aura : $(abcd) = (ab'c'd')$. Je mène par les points b et b' des parallèles à ao; δ et δ' étant les points où ces parallèles rencontrent respectivement od et od', j'ai : $\dfrac{ca}{cb} = \dfrac{ao}{b\gamma}$, $\dfrac{da}{db} = \dfrac{ao}{bd}$; par suite $(abcd) = \dfrac{b\delta}{b\gamma}$. On verrait de même que $(ab'c'd') = \dfrac{b'\delta'}{b'\gamma'}$; on a donc $\dfrac{b\delta}{b\gamma} = \dfrac{b'\delta'}{b'\gamma'}$; de là il résulte que les points o, δ, δ', et par suite les points o, d et d' sont sur une même ligne droite qui contient tous les points du lieu. — Inversement, tout point d' de cette droite appartient au lieu. Le triangle acc' et les sécantes ox, oy donnent :

$$\frac{ab}{bc} \cdot \frac{co}{oc'} \cdot \frac{c'b'}{b'o} = -1, \quad \frac{ad}{dc} \cdot \frac{co}{oc'} \cdot \frac{c'd'}{d'o} = -1;$$

d'où

$$\frac{ab}{bc} \cdot \frac{c'b'}{b'o} = \frac{ad}{dc} \cdot \frac{c'd'}{d'o}, \quad \text{ou} \quad \frac{ba}{bc} : \frac{da}{dc} = \frac{b'a}{b'c'} : \frac{d'a}{d'c'}, \quad \text{C. Q. F. D.}$$

Remarque I. La même démonstration est applicable aux points situés sur le prolongement de od.

II. La polaire d'un point par rapport à un angle est un cas particulier du problème précédent : le cas où le rapport anharmonique est égal à — 1.

III. L'égalité $\dfrac{b\delta}{b\gamma} = k$ donne le moyen de déterminer graphiquement un point δ du lieu, et par suite le lieu lui-même.

38. Si l'on coupe le *faisceau* de quatre droites, *oa*, *ob*, *oc*, *od* (fig. 21), par une sécante quelconque, on aura quatre points d'intersection *a′*, *b′*, *c′*, *d′* qui, pris dans le même ordre, auront le même rapport anharmonique que les quatre points *a*, *b*, *c*, *d*. Il résulte, en effet, de la démonstration précédente que $(abcd) = (a\beta\gamma d') = (a'b'c'd')$.

Le rapport constant (*abcd*) ou tout autre rapport obtenu en prenant les quatre points *a*, *b*, *c*, *d* dans un ordre déterminé quelconque, *abcd* par exemple, caractérise le faisceau des quatre droites *oa*, *ob*, *oc*, *od*; on l'appelle *le rapport anharmonique du faisceau* et on le désigne par le symbole (*o, abcd*). Deux faisceaux sont dits homographiques lorsqu'ils déterminent des divisions homographiques sur deux sécantes quelconques. — Pour exprimer que deux faisceaux (*o, abcd*), (*o′, a′b′c′d′*) sont homographiques on écrit simplement (*o, abcd*) $=$ (*o′, a′b′c′d′*). Les faisceaux sont en involution si les divisions homographiques sont elles-mêmes en involution.

Remarque I. Le rapport (*abcd*) qui caractérise le faisceau (*o, abcd*) (fig. 21) a une expression trigonométrique très-simple, indépendante de toute sécante particulière. Les triangles qui ont pour sommet commun le point *o* et leurs bases sur *ad*, sont proportionnels à leurs bases ; on a donc :

$$\frac{ca}{cb} : \frac{da}{db} = \frac{coa}{cob} : \frac{doa}{dob} = \frac{oa \cdot oc \sin coa}{ob \cdot oc \sin cob} : \frac{oa \cdot od \sin doa}{ob \cdot od \sin dob}$$

$$= \frac{\sin coa}{\sin cob} : \frac{\sin doa}{\sin dob}.$$

II. Si deux faisceaux composés d'un nombre quelconque de droites, se correspondant chacune à chacune, sont tels que quatre droites quelconques du premier et les quatre droites correspondantes du second forment deux faisceaux homographiques, on dit également que les deux séries de droites forment deux faisceaux homographiques.

39. Théorème. *Les droites qui joignent deux points fixes respectivement aux deux points correspondants de deux divisions homographiques sur une même base ou sur deux bases différentes, forment deux faisceaux homographiques.*

Il résulte en effet des §§ 32 et 38 que les divisions déterminées par ces faisceaux sur deux transversales quelconques sont homographiques.

40. Théorème. *Les droites qui joignent deux points fixes o et o' à un même point m d'une droite fixe (fig. 22) décrivent deux faisceaux homographiques quand le point m décrit la droite.*

Soient m, m' m'', m''' quatre positions quelconques du point m. Je joins ces points aux points o et o', et je coupe chaque faisceau par une droite ; a, b, c, d et a', b', c', d' étant respectivement les points d'intersection, on a :

$$(abcd) = (mm'm''m''') = (a'b'c'd'). \quad \text{C. Q. F. D.}$$

Remarque. Ces deux faisceaux ont un rayon homologue commun $o\mu o'$.

Corollaire. Ce théorème donne une solution très-simple de ce problème :

Étant donnés trois couples de points correspondants (a, a'), (b, b'), (c,c') de deux divisions homographiques sur deux bases différentes, construire le point de la deuxième base qui correspond à un quatrième point quelconque de la première.

Sur la droite qui joint deux points correspondants e, e' (fig. 22), je prends deux points o et o' que je joins respectivement aux points correspondants (a, a') et (b, b') ; ces dernières droites se rencontrent en des points m et m' que je joins par une droite indéfinie. Soit c, un point quelconque de la première base : je trace ocm'', $o'm''c'$, et le point c' est le correspondant de c. En effet, les deux faisceaux $(o, abec)$, $(o', a'b'e'c')$ sont homographiques, puisqu'ils ne diffèrent pas des faisceaux $(o, mm'\mu.m'')$, $(o', mm'\mu.m'')$.

Remarque. On trouvera au § 61 une application importante de cette construction.

41. Théorème. *Si deux faisceaux homographiques ont un rayon homologue commun, les autres rayons homologues se rencontrent deux à deux sur une même droite.*

Soit oao' (fig. 23) le rayon commun. Je joins les points de rencontre b et c de deux couples de rayons homologues, et je dis que deux autres rayons homologues quelconques se coupent sur bc. Soient en effet d, et d' les points où ces rayons rencontrent bc. On a :

$$\frac{cb}{ca} : \frac{db}{da} = \frac{cb}{ca} : \frac{d'b}{d'a}, \quad \text{et, par suite,} \quad \frac{db}{da} = \frac{d'b}{d'a};$$

ce qui exige que les points d et d' coïncident.

42. *Les droites qui joignent deux points fixes p, p' situés sur une même circonférence, à un point mobile m de cette circonférence, décrivent deux faisceaux homographiques, quand ce point se meut sur la circonférence.*

On a vu, en effet, que les rayons mobiles pm, $p'm$ déterminent deux divisions homographiques a, a' sur une sécante quelconque.

43. Théorème. *Les droites qui joignent un même point situé sur une circonférence aux points où une sécante issue d'un point fixe rencontre cette circonférence, forment deux faisceaux en involution quand la sécante tourne autour du point fixe.*

Cela résulte des §§ 20 et 38.

Corollaire. Ces faisceaux, coupés par une sécante quelconque, déterminent sur cette droite deux divisions en involution. On voit ainsi que le théorème du § 20 est vrai quelle que soit la base.

44. Théorème. *Les droites qui joignent deux points fixes situés sur une circonférence, respectivement aux points où les sécantes issues d'un même point fixe rencontrent cette circonférence, forment deux faisceaux homographiques.*

En effet, le faisceau des droites pa est homographique avec le faisceau des droites $p'a'$, d'après le théorème précédent, et celui-ci est homographique avec le faisceau des droites $p'a'$, d'après le théorème du § 42; donc, le faisceau des droites pa et celui des droites $p'a'$ sont aussi homographiques.

Corollaire. Si l'on prend les points p et p' sur une

même sécante passant par le point *s*, la droite *pp'* est un rayon homologue commun aux faisceaux des droites *pa* et *p'a'*, et par suite les rayons homologues de ces faisceaux se rencontrent sur une même droite. On retrouve ainsi la polaire du point *s* par rapport au cercle *pp'aa'*.

45. Les faisceaux homographiques donnent un moyen très-simple et très-souvent applicable pour constater que certains points sont en ligne droite, ou que certaines droites passent par un même point (§§ 13 et 44). En voici l'application à la démonstration des théorèmes de Pascal et de Brianchon.

46. Théorème de Pascal. *Dans tout hexagone inscrit à à un cercle, les points de concours des côtés opposés sont en ligne droite.*

On a : $(b, eacd) = (f, eacd)$ (fig. 26). Les sécantes *de*, *dc* sont divisées homographiquement par les rayons de ces faisceaux en (e, l), (h, p), (g, c), (d, d); les droites qui joignent les deux points de chaque couple passent par un même point, puisque le point de concours *d* des bases est un point double des deux divisions (§ 13); or, les droites *el* et *cg* se rencontrent en *m*; donc, *hp* y passe aussi, C. Q. F. D.

Remarque. En désignant les côtés consécutifs par les nombres 1, 2, 3, 4, 5 et 6, les côtés opposés sont 1 et 4, 2 et 5, 3 et 6.

47. Théorème de Brianchon. *Dans tout hexagone circonscrit à un cercle, les droites qui joignent deux à deux les sommets opposés passent par un même point.*

Les deux côtés non consécutifs *ab* et *cd* (fig. 69) sont coupés respectivement par les autres côtés de l'hexagone *abcdef* aux couples de points suivants : *bc* les coupe en *b* et *c*; *de*, en *g* et *d*; *ef*, en *h* et *m*; *fa*, en *a* et *i*. On a

donc : $(bgha) = (cdmi)$ (§ 18),
et, par suite, $(e, bgha) = (f, cdmi)$ (§ 39).

Les points de rencontre des rayons homologues de ces faisceaux sont *p*, *d* et *a*; or, ces deux faisceaux ont deux rayons homologues coïncidents *eh* et *fm*; donc les trois points *a*, *d*, *p* sont en ligne droite (§ 41), et il résulte de là que les droites *eb*, *ad*, et *cf* qui joignent les sommets opposés de l'hexagone circonscrit, passent par un même point *p*.   C. Q. F. D.

48. THÉORÈME DE DÉSARGUES. *Quand un quadrilatère est inscrit dans un cercle, une transversale quelconque située dans son plan rencontre les deux couples de côtés opposés et la circonférence en trois couples de points qui sont en involution.*

Soit le quadrilatère *abcd* (fig. 28), et une transversale *xy* qui rencontre la circonférence et les côtés opposés du quadrilatère en *d* et *d''*, *k* et *k'*, *m* et *m'*. Si, laissant fixes les points *a* et *b*, on fait tourner *cd* autour du point fixe *k'*, les points *m* et *m'* se déplacent et décrivent deux divisions homographiques (§ 44); de plus, les points *d* et *d'* se correspondent soit que l'on considère *d* comme appartenant à la première division ou à la seconde, et il en est de même évidemment de *k* et *k'*; donc les points *d* et *d'*, *k* et *k'*, *m* et *m'*, etc., sont en involution (§ 27, *Remarque*).

   C. Q. F. D.

Remarque. Aux quatre points m, k, d et d' considérés comme appartenant à la première division, correspondent, dans la seconde, les quatre points m', k', d' et d. On a donc (§§ 32 et 34) :

$$\frac{dm}{dk} : \frac{d'm}{d'k} = \frac{d'm'}{d'k'} : \frac{dm'}{dk'}, \text{ ou bien : } \frac{dm \cdot dm'}{dk \cdot dk'} = \frac{d'm \cdot d'm'}{d'k \cdot d'k'}.$$

C'est cette relation, que Desargues appelle *l'involution de six points*, et que Pascal énonce ainsi en l'appliquant à une conique quelconque, et à un quadrilatère inscrit coupés par une transversale : « *Le produit des segments compris sur la transversale, entre un point de la conique et deux côtés opposés du quadrilatère, est au produit des segments compris entre le même point de la conique et les deux autres côtés opposés du quadrilatère, dans un rapport qui est égal à celui des produits semblablement faits avec le deuxième point de la conique situé sur la transversale.* »

49. Le théorème de Desargues (comme ceux de Pascal et de Brianchon) subsiste si on remplace le cercle par une conique quelconque. De plus, comme l'a trouvé Sturm, si l'on conçoit toutes les coniques qui passent par les quatre sommets du quadrilatère, on a une suite indéfinie de couples de points qui forment sur la même sécante deux divisions en involution. En voici une démonstration analytique.

Soient $y + ax + b = 0$, $y + a'x + b' = 0$, $y + \alpha x + \beta = 0$, $y + \alpha'x + \beta' = 0$, les équations des quatre côtés du quadrilatère. L'équation des coniques qui passent par les quatre sommets du quadrilatère formé par ces droites, peut se mettre sous la fórme :
$$(y + ax + b)(y + a'x + b') + \lambda (y + \alpha x + \beta)(y + \alpha'x + \beta') = 0.$$

Les deux points où la courbe coupe l'axe des y sont donnés par l'équation : $(y + b)(y + b') + \lambda (y + \beta)(y + \beta') = 0$;
et si l'on transporte l'axe des x parallèlement à lui-même, à une distance k de l'origine primitive, les ordonnées nouvelles de ces deux points seront données par l'équation :

$$(Y + h + b)(Y + h + b') + \lambda(Y + h + \beta)(Y + h + \beta') = 0,$$

$$\text{ou } (1 + \lambda)Y^2 + (2h + b + b' + 2h\lambda + \lambda\beta + \lambda\beta')Y + (h + b)(h + b')$$
$$+ \lambda(h + \beta)(h + \beta') = 0.$$

Soient Y' et Y'' les deux racines de cette équation, on a :

$$Y' Y'' = \frac{(h + b)(h + b') + \lambda(h + \beta)(h + \beta')}{1 + \lambda};$$

or, la valeur de cette fraction est indépendante de λ si l'on pose :

$$(h + b)(h + b') = (h + \beta)(h + \beta'),$$

c'est-à-dire si l'on donne à h la valeur $\dfrac{b b' - \beta\beta}{(\beta + \beta') - (b + b')};$

il y a donc sur la droite donnée, prise pour axe des y, un point i tel que le produit des distances de ce point aux points d'intersection de cette droite avec une conique quelconque circonscrite au quadrilatère donné, est constant ; ces points forment donc sur cette droite deux divisions en involution. C. Q. F. D.

50. *Étant données deux droites fixes* A *et* A′ *(fig. 29) et trois points fixes* P, P′, *k, situés sur une même droite, on mène par ce dernier point une transversale coupant* A *et* A′ *en a et a′, et l'on joint ces points respectivement à* P *et* P′ *par des droites qui se rencontrent en m ; quel est le lieu du point m quand la sécante tourne autour du point k ?*

Les points a, a' déterminent deux divisions homographiques sur A et A′ ; on a donc $(P, a...) = (P', a'...)$; or ces deux faisceaux ont un rayon homologue commun PP′ ; donc, les autres rayons homologues se rencontrent deux à deux sur une même droite L ; cette droite, lieu demandé, passe par le point s qui est un point double des deux divisions.

Réciproquement, étant donnés deux points fixes P, P′

et trois droites A, A′ et L passant par un même point s, si l'on joint ces deux points à un même point quelconque m pris sur L, et qu'on joigne les points a et $a′$ où ces droites rencontrent respectivement A et A′, on a une dernière droite qui passe toujours, quel que soit le point m, par un même point k. En effet, on a : $(P, m...) = P′, m′$; par suite $(a...) = (a′...)$; or ces deux divisions homographiques ont un point double en s ; donc les droites $aa′$,..... passent par un même point.

Remarque. Ce lieu géométrique donne une solution très-simple de ce problème :

Inscrire dans un triangle donné un second triangle dont les côtés, prolongés si c'est nécessaire, passent respectivement par trois points donnés situés en ligne droite.

51. Lorsque les points d'intersection des rayons homologues de deux faisceaux homographiques ne sont pas en ligne droite, le lieu de ces points est une circonférence de cercle, où, plus généralement, une des courbes (ellipse, parabole ou hyperbole) dont le cercle peut-être considéré comme la perspective sur un plan ; ou en d'autres termes, une courbe que l'on peut obtenir en coupant un cône à base circulaire par un plan, et qu'on appelle, pour cette raison, une section conique. — Voici d'abord un cas particulier où l'on trouve une circonférence de cercle.

52. *Étant données deux divisions homographiques sur une même base, on prend sur une parallèle à cette base* (fig. 30) *deux points p et $p′$, tels que le quadrilatère $pp′ii′$ (les points i, $i′$ ayant leur signification ordinaire), soit un trapèze isocèle et que ip^2 soit égal en valeur absolue au produit constant*

*im . i'm' des distances des points i et i' à deux points corres-
pondants m, m'. On joint ensuite les points p, p' respectivement aux points correspondants des deux divisions, et l'on
demande le lieu géométrique des points d'intersection des
rayons homologues des deux faisceaux.*

Les deux triangles ipm, $i'p'm'$ sont semblables comme
ayant un angle égal compris entre côtés proportionnels :
les angles en i et i' sont égaux par hypothèse, et les côtés
qui les comprennent sont proportionnels, puisque d'après
la construction on a :

$$ im \cdot i'm' = ip \cdot i'p', \text{ ou } \frac{im}{ip} = \frac{i'p'}{i'm'}. $$

Il résulte de là que les angles homologues $m'p'i'$, pmi
sont égaux et que $m'p'i' = mpp'$. Or les angles $m'p'i'$ et
mpp' ont une somme constante ; il en est donc de même
des deux angles $m'p'p$ et mpp', et par conséquent le supplément pap' de leur somme est aussi constant. Le lieu
du point a est donc une circonférence de cercle.

Remarque I. Les distances im, $i'm'$ doivent être comptées en sens inverse à partir des points fixes i et i'. Si le
point m est à droite du point i, m' doit être à gauche de i'.
Ces derniers points donnent la partie supérieure de la circonférence.

II. La circonférence passe en p et p' et elle est en ces
points tangente à pi et à $p'i'$; car si l'on suppose que le
point m' approche indéfiniment de i', le point m s'éloigne
indéfiniment et l'on voit que le point a approche indéfiniment de p' et que la sécante $p'm'$ a pour limite $p'i'$.

53. Plus généralement : *étant données deux divisions ho-*

mographiques (m, m') sur une même droite (fig. 1), on mène par les points i et i' deux droites également inclinées sur la base ii': on prend ensuite sur ces droites deux distances ip, i'p', telles que le produit ip . i'p' soit égal au produit constant im . i'm', et l'on joint les points p, p' respectivement aux points correspondants m, m'; quel est le lieu du point d'intersection de ces dernières droites?

L'égalité $ip . i'p' = im . i'm'$ donne la proportion $\dfrac{ip}{i'm'} = \dfrac{im}{i'p'}$; les deux triangles ipm, $i'p'm'$ sont donc semblables, et par suite les angles pmi, $i'p'm$ sont égaux. Les deux triangles Mmm', $i'm'p'$ ont donc deux angles égaux, et les troisièmes M et i' sont égaux : l'angle M est donc constant et le lieu du point M est une circonférence de cercle.

54. Théorème. *Le lieu des points d'intersection des rayons homologues de deux faisceaux homographiques est une section conique.*

Les deux faisceaux déterminent deux divisions homographiques sur une droite quelconque xy (fig. 31). Soient i et i' les points de ces divisions dont les correspondants sont à l'infini et a et a', deux points correspondants quelconques. Sur la droite ii' je construis un triangle isocèle quelconque ioi'; puis, par le point M, où la droite PP' qui joint les centres P et P' des deux faisceaux rencontre xy, je mène une droite Mz qui rencontre les côtés du triangle isocèle en des points π, π' tels que $i\pi . i'\pi' = ia . i'a'$, et je prends ces points pour centres de deux faisceaux homographiques dont les rayons homologues passent par les points de division homologues, déterminées sur xy par les faisceaux donnés. Le lieu des points d'intersection dans les nouveaux faisceaux est une circonférence de cercle passant par π et π' (§ 53). Cela fait, je relève le plan de ce cercle autour de xy et je joins, dans l'espace, les points P et π, ainsi que P' et π' : ces deux droites sont dans le plan zMP et se rencontrent en un point s. Je dis que la droite qui, dans l'espace, joint les points A et α, points d'intersection des rayons qui se correspondent dans les deux faisceaux, passe par ce point s. En effet, Aα étant avec Pπ dans un même plan $\pi\alpha$P, ces droites se rencontrent, et il en est de même de Aα et de P'π' qui sont dans un même plan $\pi'\alpha'$P'. La droite Aα qui n'est pas dans le plan sPP' ne peut rencontrer ces deux droites qu'au point s : le point A est donc la perspective de α, et par suite, la courbe lieu du point A est une section plane du cône circulaire, ayant pour sommet le point s et pour base le cercle $\pi\pi'$. C. Q. F. D.

55. Démonstration analytique du théorème précédent (fig. 32).

$$\text{Équation de } pm : y - \beta = \lambda (x - \alpha);$$
$$\text{Équation de } p'm' : y - \beta' = \lambda' (x - \alpha').$$

La première donne $im = \alpha - \dfrac{\beta}{\lambda}$; la deuxième, $im' = \alpha' - \dfrac{\beta'}{\lambda'}$,

et par suite $i'm' = d - \alpha' + \dfrac{\beta'}{\lambda'}$, en posant $ii'' = d$. En désignant par k le produit constant $im \cdot i'm'$, on a :

$$\left(d - \alpha' + \frac{\beta'}{\lambda'} \right) \left(\alpha - \frac{\beta}{\lambda} \right) = k,$$

et en remplaçant λ et λ' par leurs valeurs en fonction des coordonnés x, y du point de rencontre des droites pm, $p'm'$, on a :

$$\left[d - \alpha' + \frac{\beta'(x - \alpha')}{y - \beta'} \right] \left[\alpha - \frac{\beta(x - \alpha)}{y - \beta} \right] = k.$$

Chassant les dénominateurs, effectuant et ordonnant, on trouve ;

$$\begin{array}{c|c|c|c}
\begin{matrix} -\ k \\ -\ \alpha\alpha' \\ +\ d\alpha \end{matrix} &
\begin{matrix} y^2 - d\,\beta \\ +\ \alpha'\beta \\ +\ \alpha\beta' \end{matrix} &
\begin{matrix} xy - \beta\beta'x^2 - \alpha\beta'd \\ +\ \beta k \\ +\ \beta'k \end{matrix} &
y + \beta\beta'dx - \beta\beta'k = o.
\end{array}$$

On voit par cette èquation que le lieu est une courbe du second degré, et l'on peut vérifier que cette courbe passe par les points fixes p et p'.

Dans quelles circonstances cette courbe est-elle un cercle?

Les axes étant supposés rectangulaires, on devra avoir :

$d\beta - \alpha\beta' - \alpha'\beta = o$ et $k + \alpha\alpha' - d\alpha = \beta\beta'$. La première égalité peut s'écrire ainsi : $\dfrac{d - \alpha'}{\beta'} = \dfrac{\alpha}{\beta}$; la deuxième donne $k = \beta\beta' + \alpha(d - \alpha')$, ou, d'après la première, $k = \beta\beta' + \dfrac{\alpha^2\beta'}{\beta} = \dfrac{\beta}{\beta'}(\alpha^2 + \beta^2)$. Interprétons ces égalités sur la figure : la proportion $\dfrac{d - \alpha'}{\beta'} = \dfrac{\alpha}{\beta}$ donne $\dfrac{i'l}{p'l} = \dfrac{ih}{ph}$ et montre que les triangles $i'ph$, $ip'l$ sont semblables et que les angles en i et i' sont égaux. La seconde donne $k = \dfrac{\beta'}{\beta} \cdot ip^2 = ip \cdot \dfrac{ip \cdot \beta'}{\beta} = ip \cdot i'p'$. On retrouve ainsi les conditions déjà connues (§ 53).

Remarque. On satisfait plus simplement aux deux conditions $d\beta - \alpha\beta' - \alpha'\beta = o$, $k = \beta\beta' + \alpha(d - \alpha')$, en posant $\beta = \beta'$, $d = \alpha + \alpha'$, et par suite, $k = \alpha^2 + \beta^2$: ce sont les conditions qui définissent le lieu du § 52.

56. *Soient p et p' les pôles d'une droite xy par rapport à*

*deux cercles o et o' (fig. 33) ; les polaires d'un point A de xy
sont les perpendiculaires pM, p'M menées respectivement par
p et p' à oA et à o'A ; on demande quel est le lieu du point M
quand le point A décrit xy.*

Les droites oA et o'A forment deux faisceaux homographiques quand le point A décrit XY ; en même temps pM
décrit autour du point p un faisceau identique à celui
que décrit oA autour du point o, puisque ces droites sont
constamment perpendiculaires, et il en est de même des
faisceaux des droites p'M et o'A ; les faisceaux des droites
pM et p'M sont donc homographiques, et, par suite, le lieu
du point M est une conique.

Remarque. Dans le cas particulier où la droite XY
serait perpendiculaire à la ligne des centres, ces deux
faisceaux homographiques auraient un rayon homologue
commun oo', polaire par rapport à chaque cercle du point
de XY situé à l'infini : le lieu serait, dans ce cas, une ligne
droite ; et, à cause de la symétrie du lieu par rapport à oo',
cette droite serait perpendiculaire à oo'. Si XY était l'axe
radical des deux cercles, le lieu se confondrait avec XY
(fig. 34) : en effet, les polaires BC et DE, cordes de contact des tangentes AB, AC, AD, AE, se coupent en un
point M tel que MB.MC $=$ MD.ME ; ce point est donc
d'égale puissance par rapport aux deux cercles et se
trouve sur l'axe radical XY.

57. Théorème. *La courbe enveloppe des droites qui joignent les points homologues de deux divisions homographiques sur deux bases différentes, situées dans un même plan,
est une section conique.*

1° Si les points i et i', dont les correspondants sont à l'infini, sont à égale distance du point de concours des bases, et si le produit constant im, $i'm'$ est égal au carré de la demi-distance de ces points, l'enveloppe des droites mm' est un cercle.

Ce théorème a été démontré comme réciproque au § 19. En voici une démonstration directe :

Il résulte de l'égalité $im \cdot i'm' = oi \cdot oi'$ (fig. 9) et de l'égalité des angles en i et i' que les triangles omi, $om'i'$ sont semblables, et que les angles moi, $m'oi'$ sont égaux respectivement à $om'i'$, omi; par suite l'angle mom' et l'angle i sont égaux comme ayant des suppléments égaux ; les deux triangles semblables omi, $om'i'$ donnent d'ailleurs :

$$\frac{om'}{om} = \frac{oi'}{im}, \quad \text{ou} \quad \frac{om'}{om} = \frac{oi}{im} ;$$

les deux triangles omm', iom sont donc semblables et, par suite, l'angle omm' est égal à omi : les droites om, om' étant les bissectrices des angles en m et m', le point o est le centre du cercle tangent aux bases ri, ri' et à mm'.

C. Q. F. D.

2° Soient Mx et My les bases de deux divisions homographiques quelconques (fig. 35), a et a' deux points correspondants des deux divisions, et k, k' deux autres points correspondants voisins des premiers; P, le point de My qui correspond au point M de Mx, et P′ le point de Mx qui correspond au point M de My. Le point de contact sur aa' est la limite des positions du point de rencontre des deux tangentes voisines aa', kk', quand on suppose que k et k' se rapprochent indéfiniment de a et a'; sur My le point de contact est P, et sur Mx, P′. Par le point M je mène une droite quelconque Mz sur laquelle je prends des points correspondants chacun à chacun aux points de division de Mx et formant avec eux deux divisions en involution, avec cette condition que le point M de Mz corresponde au point P$'$ de Mx; en prenant MP$'' =$ MP$'$, le point M de Mx correspondra au point P$''$ de Mz. Aux points P$'$ et P$''$, j'élève les perpendiculaires P$'$O, P$''$O respectivement à MP$'$ et à MP$''$; je joins MO: j'élève en o, ii'' perpendiculaire à Mo, et le triangle rectangle ioM donne iP$'$. iM $= io^2$; on a donc aussi iP$'$. i''M $= io^2$, et par suite (1°) l'enveloppe des droites P$'$M, P$''$M, $a'a''$, $k'k''$, etc., est un cercle ayant o pour centre et oP$'$ pour rayon. Soit ε le point de rencontre de de $k'k''$ avec $a'a''$: le point de contact δ de $a'a''$ est la limite vers laquelle tend ε quand $k'k''$ tend vers $a'a''$. Cela posé, je remarque d'abord que les points M, P, a, k, etc., de My, et les points M, P$''$, a'', k'', etc., de Mz, forment deux divisions homographiques, puisque ces divisions sont homographiques chacune avec la division P$'$, M, a', k', etc., de Mx; et comme le point M est un point double, les droites PP$''$, aa'', kk'', etc., se rencontrent en un même point s. Je relève le plan du cercle o autour de Mx : ces droites pp'', aa'', kk'', continuent à se rencontrer en un point s_1 par lequel passe aussi la droite $e\varepsilon$, car cette droite rencontre aa'' et kk'' comme étant respectivement dans les plans $aa'a''$, $kk'k''$; et comme $e\varepsilon$ n'est pas dans le plan zMy, elle ne peut rencontrer ces droites qu'à leur point commun s_1. Le point e est donc la perspective du point ε, et par suite le point d est la perspective du point δ; la courbe dPP$'$..... est donc une section plane d'un cône circulaire.   C. Q. F. D.

58. Démonstration analytique du théorème précédent :

Soient i et i' les points des deux divisions dont les correspondants sont à l'infini (fig. 36) : $oi = d$, $oi'' = d'$, a et a' deux points correspondants quelconques. En posant $oa = \dfrac{1}{u}$, $oa' = \dfrac{1}{v}$, u et v sont les coordonnées tangentielles de la droite aa', et, en fonction de ces coordonnées, l'équation du lieu est :

$$\left(d - \frac{1}{u} \right) \left(d' - \frac{1}{v} \right) = k,$$

ou $(du - 1) (d'v - 1) = kuv$, équation du second degré par rapport à u et v. La courbe enveloppe des droites aa' est donc de deuxième classe et, par suite, de deuxième degré. On sait que ces courbes sont des sections coniques.

Conditions pour que cette courbe soit un cercle. On sait que les conditions pour que la courbe

$$Au^2 + 2Buv + Cv^2 + 2Du + 2Ev + F = o$$

soit un cercle sont les suivantes :

$$D^2 - AF = E^2 - CF = \frac{BF - ED}{\cos \theta},$$

θ étant l'angle des axes. L'équation ci-dessus pouvant s'écrire ainsi : $(dd' - k) uv - du - d'v + 1 = o$, les conditions cherchées sont les suivantes :

$$\frac{d^2}{4} = \frac{d'^2}{4} = \frac{\dfrac{dd' - k}{2} = \dfrac{dd'}{4}}{\cos \theta};$$

d'où $d = d'$ et $d^2 \cos \theta = d^2 - k$, ou $k = d^2 \left(\dfrac{1 - \cos \theta}{2} \right) = d^2 \sin^2 \dfrac{\theta}{2}$.

Ainsi, pour que le lieu soit un cercle, il faut et il suffit que $oi = oi'$ et que le produit constant $ia \cdot ia'$ soit égal au carré de la moitié de ii'.

59. Démonstration analytique du même théorème, en coordonnées cartésiennes (fig. 36).

Équation de aa' : $\dfrac{y}{\beta} + \dfrac{x}{\alpha} = 1$ (1); $\alpha = oa$, $\beta = oa'$;

Condition de l'homographie :

$$(d - \alpha)(d' - \beta) = h \quad (2); \quad d = oi, \ d' = oi'.$$

On sait que pour trouver l'enveloppe des courbes $f(x, y, \alpha, \beta) = o$, les paramètres α, β étant liés entre eux par l'équation $\varphi(\alpha, \beta) = o$, on n'a qu'à éliminer α et β entre les deux équations précédentes

et celle-ci : $\dfrac{f'_\alpha}{\varphi'_\alpha} = \dfrac{f'_\beta}{\varphi'_\beta}$. Cette dernière est ici :

$$\frac{x}{\alpha^2(d' - \beta)} = \frac{y}{\beta^2(d - \alpha)}$$

ou $\alpha^2 y(d' - \beta) = \beta^2 x(d - \alpha)$ (3). Je remplace dans (3) $d' - \beta$ par sa valeur tirée de (2) :

$$\alpha^2 h y = \beta^2 x (d - \alpha)^2, \text{ ou } \alpha \sqrt{xy} = \beta (d - \alpha) \sqrt{x};$$

d'où $\beta = \dfrac{\alpha \sqrt{hy}}{(d - \alpha)\sqrt{x}}$; par suite, $\dfrac{x}{\alpha} = 1 - \dfrac{y}{\beta} = 1 - \dfrac{(d - \alpha) y \sqrt{x}}{\alpha \sqrt{hy}}$;

d'où $\alpha = \dfrac{x\sqrt{h} + d\sqrt{xy}}{\sqrt{h} + \sqrt{xy}}$, et $\beta = \dfrac{\sqrt{y}(x\sqrt{h} + d\sqrt{xy})}{\sqrt{x}(d - x)}$.

Substituant dans (2) :

$$\left(d - \frac{x\sqrt{h} + d\sqrt{xy}}{\sqrt{h} + \sqrt{xy}}\right)\left(d' - \frac{\sqrt{y}(x\sqrt{h} + d\sqrt{xy})}{\sqrt{x}(d - x)}\right)$$

$$= \left(d - \frac{x\sqrt{h} + d\sqrt{xy}}{\sqrt{h} + \sqrt{xy}}\right)\left(d' - \frac{\sqrt{hxy} + dy}{d - x}\right) = k;$$

chassant les dénominateurs et supprimant les facteurs communs $\sqrt{h}$ et $d - x$, on trouve :

$$d'(d - x) - \sqrt{hxy} - dy = k + \sqrt{hxy},$$

ou $\qquad\qquad dd' - h - dy - d'x = 2\sqrt{hxy};$

élevant au carré, on a :

$$d^2y^2 + 2\,(dd' - 2k)\,xy + d'^2x^2 - 2\,(dd' - k)\,d'x - 2\,(dd' - k)\,dy$$
$$+ (dd' - k)^2 = 0,$$

équation d'une conique tangente aux bases des deux divisions.

Conditions pour que le lieu soit un cercle :

1° $d^2 = d'^2$ ou $d = d'$;

2° $\dfrac{dd' - 2k}{d^2}$ ou $\dfrac{d^2 - 2k}{d^2} = \cos\theta$, ou $k = d^2\,\dfrac{1 - \cos\theta}{2} = d^2\sin^2\dfrac{\theta}{2}$,

conditions déjà trouvées.

60. Problème. *Construire, par points, la conique qui passe par cinq points donnés.*

D'après le théorème du § 54, ce problème sera résolu si l'on peut construire deux faisceaux homographiques ayant pour centres deux des points donnés, et dont trois couples de rayons homologues se rencontrent respectivement aux trois autres points donnés. Soient a, b, P, P' et F les cinq points donnés (fig. 37). Je trace une circonférence de cercle passant par les points a et b, et je joins FP, FP'; ces droites coupent la droite indéfinie ab en deux points m et m'. Je joins ces points à un point f de la circonférence, et je détermine ainsi deux points p et p' sur cette circonférence. Les points m et m' sont deux points correspondants de deux divisions homographiques dont a et b sont des points doubles (§ 2). Cela fait, pour déterminer un nouveau point de la conique, je joins p et p' à un point quelconque d de la circonférence, et je trouve ainsi deux points correspondants n, n' des deux divisions ; joignant ces points respectivement aux points P et P', on trouve un point D de la conique. Le problème est ainsi résolu.

Construction de la tangente à la courbe. 1° Au point P :
la tangente en ce point est évidemment le rayon P′*t* du
faisceau P dont l'homologue est P′P ; même construction
pour le point P′. 2° En un point quelconque D de la
courbe : on pourra prendre ce point et un second point
de la courbe, P′ par exemple, comme centres de deux
nouveaux faisceaux qui détermineront deux autres divisions homographiques ayant les mêmes points doubles
a et *b* ; à ces points correspondront, sur la circonférence,
deux points analogues à *p* et *p*′ au moyen desquels on
achèvera la construction comme dans le premier cas.

61. Pʀᴏʙʟèᴍᴇ. *Construire une conique connaissant cinq
de ses tangentes.*

D'après le théorème du § 57, ce problème sera résolu
si l'on peut construire sur deux des cinq droites données
deux divisions homographiques dont trois couples de
points homologues soient respectivement les points où
les trois autres droites données rencontrent les deux pre-
mières. Or ce problème a été résolu de diverses manières ;
nous en avons donné une solution très-simple au § 40
(*Corollaire*).

Soient 1, 2, 3, 4 et 5 (fig. 38) les droites données ; *a* et
a′, *b* et *b*′, *c* et *c*′ les couples de points d'intersection res-
pectifs des droites 1 et 2 avec 3, 4 et 5. Je prends deux
points quelconques *s* et *s*′ sur 3 ; je les joins respectivement aux points *b* et *b*′, *c* et *c*′ : les points d'intersection
de ces couples de droites déterminent la droite βγ ; je joins
le point *s* à un point quelconque *m* de la droite 1 ; *sm* rencontre βγ en un point μ : je joins μ*s*′ et je trouve ainsi le
point *m*′ correspondant de *m* : la droite *mm*′ est une

sixième tangente à la conique déterminée par les cinq tangentes données. Le problème est donc résolu.

Point de contact sur chaque tangente. 1° Sur les tangentes 1 et 2 : le point de contact sur une tangente fixe est la limite vers laquelle tend le point où cette tangente est coupée par une tangente mobile qui approche indéfiniment de la première jusqu'à se confondre avec elle. Soient k et k' les points où la tangente mobile rencontre 1 et 2 ; il est évident que le point k' approche indéfiniment du point o qui en est la limite, lorsque la tangente mobile tend à se confondre avec 1 ; la limite du point k est donc le point k_1 de la droite 1 qui correspond au point o de la droite 2. Pour trouver le point k_1 je joins $s'o$; puis je joins le point ε où so rencontre $\alpha\beta$ au point s, et le point où εs rencontre 1 est le point de contact cherché. Une construction analogue donne le point de contact sur 2.

2° On trouvera le point de contact sur une tangente quelconque en prenant cette tangente et une seconde tangente comme base de deux divisions homographiques déterminées par les autres tangentes et en opérant comme pour les tangentes 1 et 2.

Toulouse, imprimerie Édouard Privat, rue Triplère, 9. — 110

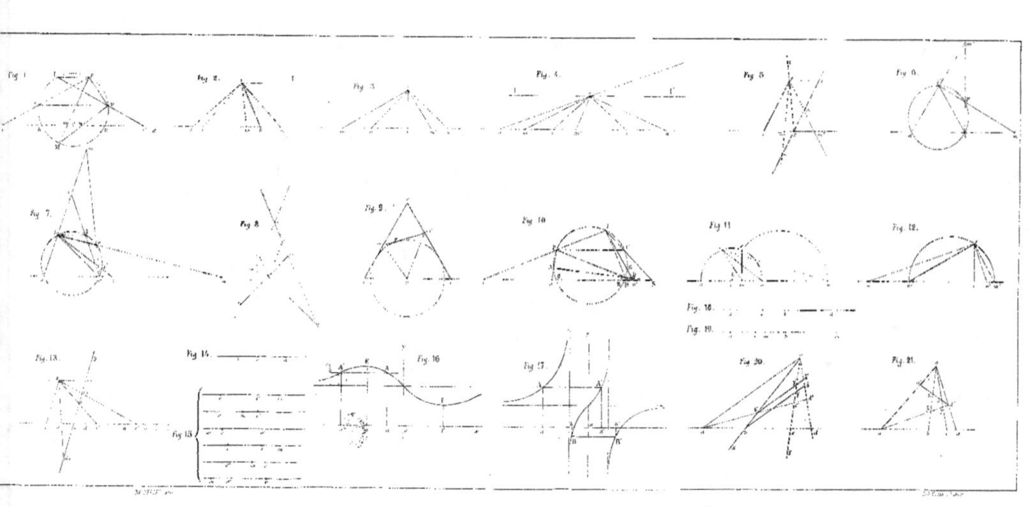

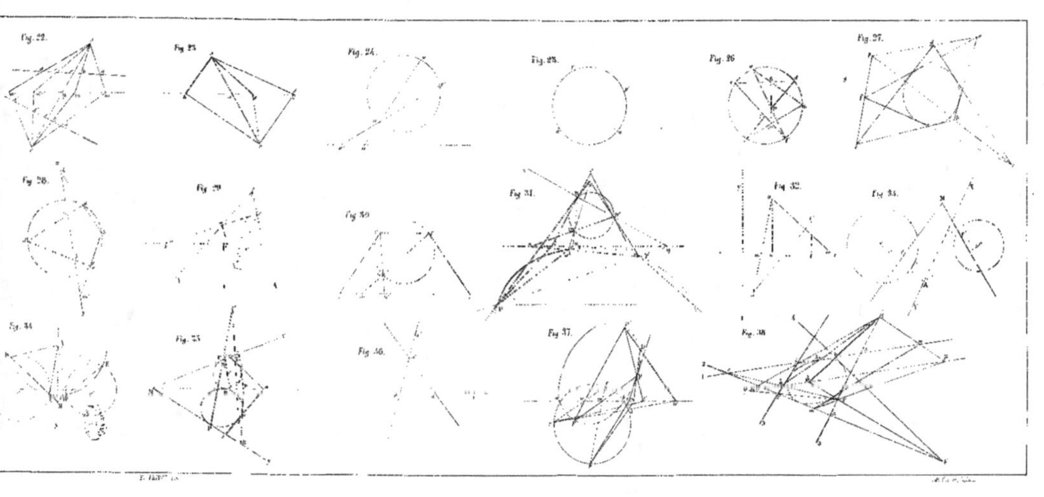

Fig. 22.
Fig. 23.
Fig. 24.
Fig. 25.
Fig. 26.
Fig. 27.
Fig. 28.
Fig. 29.
Fig. 30.
Fig. 31.
Fig. 32.
Fig. 33.
Fig. 34.
Fig. 35.
Fig. 36.
Fig. 37.
Fig. 38.